J'ai
1
mois

J'ai
2
mois

J'ai
3
mois

J'ai
4
mois

J'ai

5

mois

J'ai

6

mois

J'ai

7

mois

J'ai

8

mois

Disney

Le livre de naissance de :

....

hachette
JEUNESSE

Ma maman

- Ma maman s’appelle ....
- Elle est née le ....
- À ....
- Son métier, c’est ....

Photo de Maman

Mon papa

- Mon papa s'appelle ....

- Il est né le ....

- À ....

- Son métier, c'est ....

Photo de Papa

Avant mon arrivée

Où habitaient Papa et Maman ? Comment était leur maison, leur appartement ?

Quels étaient leurs loisirs (sports, lectures, spectacles, etc.) ?

Quand Maman a-t-elle appris qu'elle m'attendait ?

Comment l'a-t-elle annoncé à Papa ?

Photo de Maman
et de son ventre qui s'arrondit

Mes parents se souviennent précisément de :

....

....

....

....

....

Dans le ventre de Maman

- Ma naissance est prévue le ……………………………………………

- Papa et Maman savent-ils si je serai une fille ?
  Un garçon ? Ou est-ce une surprise ?

……………………………………………………………………

Première échographie

La première échographie

s'est déroulée le

……………………

Deuxième échographie

La deuxième échographie

s'est déroulée le

. . . .

La troisième échographie

s'est déroulée le

. . . .

Troisième échographie

Le choix du prénom

Si je suis une fille, quels sont les prénoms préférés...

de Maman ?	de Papa ?
....	....
....	....
....	....

Si je suis un garçon, quels sont les prénoms préférés...

de Maman ?	de Papa ?
....	....
....	....
....	....

Mon prénom

Finalement, Papa et Maman sont tombés d'accord pour m'appeler :

- Si je suis une fille :

  ....

- Étymologie :

  ....

- Signification :

  ....

- Pourquoi ce choix :

  ....

  ....

  ....

- Fête le :

  ....

- Si je suis un garçon :

  ....

- Étymologie :

  ....

- Signification :

  ....

- Pourquoi ce choix :

  ....

  ....

  ....

- Fête le :

  ....

Ma chambre

Comment est-elle décorée ?

Qu'ont acheté Papa et Maman pour mon arrivée ?

Photo de mon nid douillet

La veille de ma naissance

Qu'ont fait Papa et Maman la veille du grand jour ?

....

....

....

Mon sac de naissance est-il prêt ?

....

Maman est arrivée à la maternité à ....

....

Ses impressions : ....

....

....

....

Je suis là !

Je m'appelle ……………………………………

Je mesure ………………… Je pèse …………………

Je suis né(e) le …………………………………… à ………h………

À ……………………………………………………

Mon signe astrologique est ……………………………

Mes yeux sont ……………………………………

Mes cheveux sont …………………………………

Le temps était :

Comment s'est passé le jour de ma naissance ?

……………………………………………………

……………………………………………………

……………………………………………………

Ma première photo

Elle a été prise le ....

....

à ....

par ....

À la maternité

Je ressemble à ....

....

....

Qui est venu me voir ? ....

....

....

....

Mon bracelet de naissance

à coller ici

Les premières impressions de mes parents :

Les premières impressions de mon entourage :

Premiers jours sur Terre

Comment est la maternité ? Les sages-femmes, les médecins ?

Comment s'est passé mon premier bain ?

Comment je me comporte les premiers jours ?

Premiers instants avec Maman et Papa :

Première visite du pédiatre et premier bilan de santé :

Mes photos à la maternité

Mes premiers cheveux

à scotcher ici

Mon faire-part de naissance

Cadeaux et surprises

Quels cadeaux m'a-t-on offerts à la naissance ?

Mes plus belles tenues

Ma famille

Ai-je des frères et sœurs ? Comment s'appellent-ils ?

....

Quel âge ont-ils ? ....

....

Comment s'appellent mes grands-parents ? ....

....

....

Ai-je des oncles et tantes ? Des cousins et cousines ?
Comment s'appellent-ils ?

....

....

....

....

Papi

Mamie

Papi

Mamie

Papa

Maman

Moi

À la maison

Je suis arrivé(e) à la maison le ....

C'était .... jours après ma naissance.

Mon adresse : ....

....

Qui était présent à mon arrivée ?

....

Quelle a été ma première réaction en arrivant dans ce nouvel environnement ?

....

....

....

....

Photo de la maison

Mon rythme

Suis-je souvent dans les bras de Maman et Papa ?

....

....

Quels sont mes horaires les premiers jours ?

....

....

Ai-je une tétine ? Est-ce que je suce mon pouce ?

....

Ai-je un doudou ?

....

Photo avec mon doudou

Au bain !

- Qui me donne le bain et à quelle heure ?

- Est-ce que j'aime prendre le bain ?

- Est-ce que j'éclabousse partout ou est-ce que je reste calme ?

- Est-ce que je joue dans le bain ?

Photo dans le bain

Maman et Papa se souviennent précisément de :

....

....

....

....

Bonne nuit !

À quelle heure ai-je l'habitude de m'endormir et de me réveiller ?

....

....

....

Quels petits rituels accompagnent mon coucher ? ....

....

....

....

....

Est-ce que je m'endors facilement ? ....

....

....

Photo dans mon lit

✿ J'ai commencé à faire
mes premières nuits à partir de :

....

....

....

Au quotidien

Est-ce que je reste à la maison ? Vais-je à la crèche ou chez une assistante maternelle ? ....

....

Comment se passent les premières séparations avec Papa et Maman ? Quelles sont mes réactions ? ....

....

....

....

....

Qui sont mes copains et mes copines ?

....

....

Comment Papa et Maman s'organisent-ils chaque jour ?

Et les week-ends, que fait-on ?

Ma photo à la crèche
ou avec mon
assistante maternelle

Mon empreinte de main

Date..........................

Mon empreinte de pied

Date..........................

Mon carnet de santé

- Qui est mon pédiatre ? ....

- Mon groupe sanguin : ....

- Quand a lieu le premier rendez-vous ? ....

....

- Comment se passent les rendez-vous chez le pédiatre ?

....

- Quel est mon état de santé les premiers mois ? ....

....

....

Petit calendrier de mes vaccins

....

....

....

....

J'ai eu ma première dent à l'âge de ....

Et les suivantes à ....

....

....

Quels ont été les signes de l'apparition de mes premières dents ?

....

....

Ai-je des allergies ou soucis de santé récurrents ?

....

....

Papa et Maman se souviennent précisément de :

....

....

....

....

Ma courbe de croissance

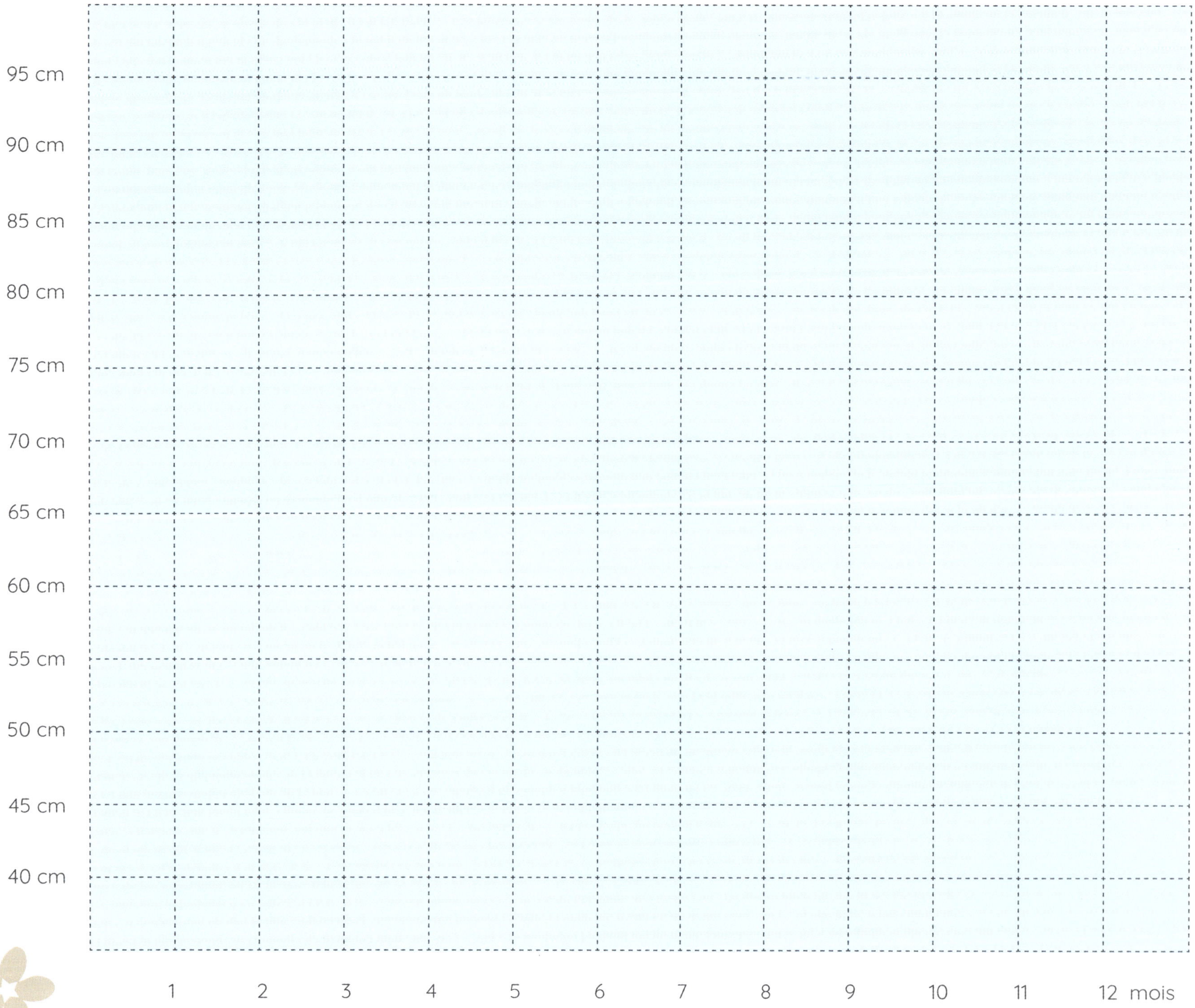

Ma courbe de poids

À table !

✿ À quel âge ai-je pris mon premier repas ?

✿ Qu'ai-je mangé ? Fait maison ou petit pot ?

✿ Comment mon premier repas s'est-il passé ?

✿ Suis-je gourmand(e) ?

✿ Ce que j'aime manger :

✿ Ce que je n'aime pas manger :

Photo de moi,
lors de mes
premiers repas

Photo de moi,
lors de mes
premiers repas

Photo de moi,
lors de mes
premiers repas

Photo de moi,
lors de mes
premiers repas

Mes grandes premières

Je gazouille à .... Je fais mon premier sourire à ....

Je reconnais quelqu'un à ....

Je ris à .... Je tiens assis(e) à ....

J'attrape un objet à ....

Je tiens mon biberon à ....

Je fais des câlins à ....

Je fais ma première colère à ....

Je me fais mes premiers bobos à ....

Je fais ma première nuit à ....

Je mange tout(e) seul(e) à ....

Je vais sur le pot à ....

Je fais ma première bêtise à ....

Je vais chez le coiffeur à ....

Une photo de ma première coupe de cheveux

Mes premiers pas

- Je marche à quatre pattes à ....
- Je me tiens debout à ....
- Je fais mes premiers pas à ....
- Je marche tout(e) seul(e) à ....

Photo de mes premiers pas

Mes premiers mots

Suis-je un bébé bavard ? ....

Quels sont mes premiers mots ? ....

....

....

Quels mots ai-je du mal à prononcer ? ....

....

....

Je dis « Maman » à ....

Je dis « Papa » à ....

Ce que mes parents ont ressenti :

....

....

....

Ma frimousse et mes expressions

Quelle est ma personnalité ? Suis-je un bébé joyeux, calme, curieux, timide, dormeur ?

De qui est-ce que je tiens mes traits de caractère ?

Papa et Maman se souviennent précisément de :

Photo de moi,
l'air étonné

Photo avec
mon air coquin

Photo avec
mon air sérieux

Photo de moi
qui grimace

Mes bonnes habitudes

Mes mauvaises habitudes

De promenades en voyages

Quelles sont mes premières sorties ?

....

....

Qui m'accompagne ? ....

Suis-je le plus souvent en poussette
ou dans le porte-bébé ? ....

....

Je fais mon premier long voyage en voiture à ....

....

....

À quel âge ai-je pris le bus, le train ou l'avion pour la première fois ?

....

Quels sont mes premiers voyages ? Pour quelles destinations ?

Quand je découvre un nouveau lieu, suis-je peureux(se) ou plutôt curieux(se) ?

Photo dans le train ou l’avion

Mes premières vacances

Quand suis-je parti(e) en vacances la première fois ?

....

Avec qui suis-je parti(e) ? ....

....

Où suis-je allé(e) ? ....

Quelles ont été mes réactions ? ....

....

....

À quel âge ai-je découvert :

la mer	la ville	la montagne	la campagne
....	....	....	....

Mes aventures et mésaventures : ....

....

....

....

....

....

Photo de mes premières vacances

Mes histoires préférées

- On me lit des histoires à partir de ....

- Je commence à m'intéresser aux images à l'âge de ....

  ....

- Mes livres préférés sont ....

  ....

  ....

- L'histoire qu'on m'a lue le plus souvent est ....

  ....

  ....

- Mes personnages préférés sont ....

  ....

  ....

  ....

Mes comptines et chansons préférées

Quelle a été ma réaction la première fois que j'ai écouté de la musique ?

....

....

....

Qui me chante souvent des chansons ? ....

....

Mes chansons préférées sont ....

....

....

....

Est-ce que je danse ? ....

....

....

Mon premier Noël

- Où l'ai-je fêté ?
- Qui était présent ?
- Quelle fut ma réaction en ce jour particulier ?
- Quels cadeaux ai-je reçus ?

Papa et Maman se souviennent précisément de :

....

....

....

....

....

Photo de mon premier Noël

Mon premier anniversaire

Papa et Maman ont-ils organisé quelque chose de particulier ?

....

....

Qui était présent ? ....

....

....

Comment s'est passée cette journée si spéciale ?

....

....

Quels cadeaux ai-je reçus ? ....

....

....

....

Photo de cette journée
inoubliable

Photo de cette journée
inoubliable

Photo de cette journée
inoubliable

Photo de cette journée
inoubliable

Photos prises avec mes cartes

J'ai 1 mois

J'ai 2 mois

J'ai 3 mois

J'ai 4 mois

J'ai 5 mois

J'ai 6 mois

J'ai 7 mois

J'ai 8 mois

J'ai 9 mois

J'ai 10 mois

J'ai 11 mois

J'ai 1 an

D'après *The Hundred and One Dalmatians* de Dodie Smith, publié par *The Viking Press.*

Les Aristochats, d'après l'œuvre de Thomas Rowe.

Directeur : Antoine Béon - **Responsable éditoriale** : Adélaïde Lebuy - **Responsable artistique** : Thierry Duperray

Graphisme : Glen Le Boulicaut - **Édition** : Naïma Timzouert - **Fabrication** : Marine Wiplier - **Mise en page** : Pauline Ortlieb

Édité par Hachette Livre - 58 rue Jean Bleuzen, 92178 Vanves Cedex

Imprimé par TLP en Chine - **Achevé d'imprimer** : mai 2023

ISBN : 978-2-01-717510-0 - **Édition** : 02 - **Dépôt légal** : mai 2022

Loi n°49-956 du 16 juillet 1949 sur les publications destinées à la jeunesse.

Pour tout renseignement concernant nos parutions, nous contacter par e-mail : disney@hachette-livre.fr